Sabine Zeller

Wilde **Sträuße**

Selbst gepflückt aus der Natur

Fotos von Jens Hasler

JAN THORBECKE VERLAG

VERLAGSGRUPPE PATMOS

PATMOS
ESCHBACH
GRÜNEWALD
THORBECKE
SCHWABEN

Die Verlagsgruppe
mit Sinn für das Leben

MIX
Papier aus verantwortungsvollen Quellen
FSC® C095359
FSC
www.fsc.org

Für die Schwabenverlag AG ist Nachhaltigkeit ein wichtiger Maßstab ihres Handelns. Wir achten daher auf den Einsatz umweltschonender Ressourcen und Materialien. Dieses Buch wurde auf FSC®-zertifiziertem Papier gedruckt. FSC (Forest Stewardship Council®) ist eine nicht staatliche, gemeinnützige Organisation, die sich für eine ökologische und sozial verantwortliche Nutzung der Wälder unserer Erde einsetzt.

www.thorbecke.de

Umschlaggestaltung: Finken und Bumiller, Stuttgart
Gestaltung: Saskia Bannasch, Finken und Bumiller, Stuttgart
Umschlagabbildung: Jens Hasler, Esslingen
Fotos: Jens Hasler, Esslingen
Druck: Himmer AG, Augsburg
Hergestellt in Deutschland
ISBN 978-3-7995-0523-9

Inhalt

Die wilde Vielfalt

Die Sträuße, Gestecke und Kränze in diesem Buch sollen Inspirationen sein, denn was Sie unterwegs in der Natur finden, hängt natürlich völlig davon ab, wo Sie sich gerade befinden. Aber jede Landschaftsform bringt ihre Schätze hervor, und es gibt zu jeder Jahreszeit neues in ihr zu entdecken.

WAS SOLLTE ICH BEIM ERNTEN UND PFLÜCKEN BEACHTEN?

Was an erster Stelle beim Ernten von Wildblumen und Sträuchern stehen sollte, ist der schonende Umgang mit der Pflanze. Man sollte nichts machen, was ihren Fortbestand gefährden würde. Geschützte Pflanzen sind selbstverständlich tabu. Die meisten Wildblumen sind Stauden. Das bedeutet, dass sie mehrjährig sind, im Winter nicht komplett erfrieren und jedes Frühjahr aufs Neue austreiben. Daher ist bei Stauden das Ausreifen der Samen nicht so überlebensnotwendig wie bei einjährigen Wildblumen, die ihre Art nur durch das Streuen ihrer Samen erhalten können.

Bei einjährigen Arten sollte man daher beim Schneiden unbedingt noch Blüten stehen lassen und nicht alle ernten, damit die Pflanze noch Samen bilden kann. Nur so kann man sich auch in den folgenden Jahren noch an den Blüten erfreuen. Generell gilt: nicht rupfen und reißen, sondern schneiden. Auch dass man die Wurzeln immer im Boden belässt, sollte selbstverständlich sein.

WO FINDE ICH MEIN BLUMENMATERIAL?

Im Hausgarten findet man viele Blüten und Sträucher, die auch hier im Buch verwendet werden. Das besondere an unseren Sträußen soll aber sein, dass wir vor allem auch Wildblumen und Wildkräuter verwenden wollen: all die Kostbarkeiten, die man beim Spaziergang entlang der Wiesen, Waldlichtungen, Flussufer, an Weg-, Hecken- und Feldsäumen finden kann.

Leider findet man immer seltener Wildblumen in ihrer großen Vielfalt. Das liegt aber weniger am Pflücken als an der intensiven Bewirtschaftung unserer Flächen. Auf den Feldern steht das Getreide so dicht, dass keine Kräuter mehr durchkommen können. Mohn, Kornblume und Kamille, die typischen Blumen im Getreidefeld, sind fast verschwunden. Bei den Wiesen tun viel Düngung und häufiges Mähen sowie das Entwässern ihr Übriges dazu: Das starke Düngen steigert zwar den Grünertrag, wird aber von den wenigsten Wildblumen vertragen. Das hat zur Folge, dass sich nur ein paar wenige Arten, denen die großen Mengen Stickstoff nicht schaden, durchsetzen. Der Rest verschwindet von Wiesen und

Äckern. Auch Herbizide schaden der Vielfalt in unserer Landschaft. Und dann liegt das Verschwinden von vielen wildblumenreichen Wiesen auch daran, dass sie oft an sonnigen, warmen Südhängen liegen, und diese werden immer mehr zu Baugebieten gemacht. Die Vielfalt unserer Wildblumen schwindet, weil ihr Lebensraumes vernichtet wird.

WAS DARF ICH PFLÜCKEN?

Ein maßvolles Pflücken von Blumen für zuhause richtet keinen Schaden an. Im Gegenteil: Würden sich mehr Menschen mit unseren Wildblumen und -kräutern befassen und sie bewusster wahrnehmen, wäre wahrscheinlich auch ein respektvollerer Umgang mit der Natur verbreitet. Denn was man liebt und schätzt, zerstört man auch nicht leichtfertig. Letztendlich bestimmt die Menge, ob das Pflücken vertretbar ist oder nicht.

Nur bei wenigen geschützten Arten ist das Pflücken ganz verboten. Dasselbe gilt natürlich auch für Schutzgebiete – auch dort sollte man alles in der Natur belassen. Viele geschützte Arten, wie zum Beispiel die Schlüsselblume, findet man in der Natur zwar noch recht häufig, sie stehen aber trotzdem unter Naturschutz. Diese Arten darf man natürlich im eigenen Garten pflücken, und oft bekommt man sie auch auf dem Markt oder beim Gärtner zu kaufen.

Für die restliche Vielfalt in der Natur gilt: Ein Handstrauß ist völlig in Ordnung. Größere oder gewerbemäßige Mengen sind natürlich tabu!

Generell gilt außerdem, dass es draußen in der nicht erlaubt ist, sich von Bäumen, Hecken und Sträuchern Schmuckreisig zu nehmen. Das hat unter anderem den Grund, dass die Blütenzweige der früh blühenden Wildgehölze für die aus dem Winterschlaf erwachenden Bienen, Hummeln und Wespen eine sehr wichtige Nahrungsquellen sind. Hat man keinen eigenen Garten mit den gewünschten Gehölzen, bekommt man fast alle Arten von Schmuckreisig beim Gärtner, der sie extra für den Schnitt gezogen hat.

DER RICHTIGE ZEITPUNKT

Prinzipiell könnte man annehmen, je knospiger man die Blume schneidet, desto länger bleibt sie in der Vase frisch. Das stimmt aber nur bedingt, weil bei zu früh gepflückten Blumen das Gewebe oft noch nicht ganz ausgereift ist und die Pflanze noch nicht genug Energie für ein längeres Vasenleben gespeichert hat. Ist die Blume erst mal abgeschnitten, ist sie kaum mehr in der Lage, selbst Energie zu erzeugen, und somit auf gespeicherte Energie angewiesen. Manche Blumen können ihre Knospen in der Vase überhaupt nicht öffnen. Eine

Faustregel ist, dass bei traubenartigen Blüten und Blüten in Ährenform zum Schnittzeitpunkt ein Teil der Knospen aufgeblüht sein sollte. Bei Korbblüten (z.B. Margerite) sollten zwei bis drei der Ringe aus Röhrenblüten in der Mitte geöffnet sein.

VOM RICHTIGEN ANSCHNEIDEN

Damit die Blume gut Wasser bekommt, vergrößert man durch einen Schnitt die Wasser aufnehmende Fläche des Stiels. Dieser Schnitt wird mit einem scharfen Messer, schräg durch die gesamte Breite des Stiels von oben nach unten geführt. Ist das Messer stumpf, quetscht es beim Schnitt und beschädigt dadurch die Wasserleitbahnen. Dann kann die Blume nur noch schwer Wasser aufnehmen. Dasselbe wie für das stumpfe Messer gilt für die Schere.

Wenn Sie unterwegs Blumen pflücken, reicht es, wenn Sie diese erst kurz, bevor sie zuhause ins Wasser kommen, anschneiden. Beim Transport der Blumen trocknet die Schnittstelle ohnehin ab und die Leitungsbahnen ziehen sich zusammen. Das passiert schon nach ca. 15 Minuten, daher muss auf jeden Fall zuhause neu angeschnitten werden.

Weiche, wasserreiche oder hohle Stiele, wie sie zum Beispiel Tulpen und Hyazinthen haben, werden gerade abgeschnitten, da der schräge Schnitt keine erhöhte Wasseraufnahmefähigkeit bringt.

Blumen mit holzigen Stielen werden mit dem scharfen Messer ein paar Zentimeter weit gespalten. Auch das ermöglicht eine bessere Wasseraufnahme. Früher lernten die Floristen, dass man die holzigen Stiele mit dem Hammer klopfen sollte, das ist heute überholt und wird nicht mehr gemacht.

Bei Blumen, an deren Schnittstelle Milchsaft austritt –zum Beispiel bei den Wolfsmilchgewächsen und beim Klatschmohn –, brennt man die Schnittstelle über einer Flamme kurz an oder taucht sie für 10 Sekunden ca. 3 cm tief in kochendes Wasser ein. Dadurch gerinnt der Milchsaft, und die Wunde ist wieder verschlossen.

Die beste Tageszeit, um Blumen zu schneiden, ist früh am Morgen. Dann sind die Blumen noch von der kühlen Nacht und dem Morgentau mit Wasser gesättigt. Im Laufe des Tages verdunsten sie wieder einen Teil des Wassers und haben somit einen schlechteren Wasserhaushalt. Später am Nachmittag oder abends ist die Wassersättigung wieder etwas besser. Es hilft auch, wenn man sie für den Transport in Papier einwickelt. Das vermindert die Verdunstung etwas.

Und zuletzt gilt noch, je kühler der Raum, desto länger halten die Blumen.

AUCH WASSER UND VASE BRAUCHEN PFLEGE

Was im Blumenwasser auf jeden Fall so gut wie möglich verhindert werden sollte, sind Fäulnisbakterien. Deshalb werden von den Stielen alle Blätter entfernt, die im Wasser stehen würden. Diese würden dort zu faulen beginnen.
Regelmäßiger Wasserwechsel verlängert das Blumenleben ebenso wie hin und wieder das Reinigen der Vase. Das heißt nicht, dass man sie täglich ausschrubben muss, aber die Beläge hin und wieder entfernen verlängert das Blumenleben durchaus.
Die meisten Blumen nehmen warmes Wasser besser auf als kaltes. Eine Ausnahme sind Tulpen, die das kalte Wasser lieben. Sauberes, abgestandenes, lauwarmes Wasser um die 30 °C ist für die meisten Schnittblumen am besten. Abgestanden deshalb, weil dann weniger Luftbläschen im Wasser sind, die die Wasseraufnahme der Blume behindern würden.

WIE BINDET MAN EINEN BLUMENSTRAUSS?

Zuerst legt man sich alles, was man benötigt, bereit: Gartenschere, scharfes Messer, Bast oder Gummi und eine mit Wasser gefüllte Vase.
Dann wird das Schnittgut vorbereitet. Das untere Drittel der Stiele wird von Blättern und Dornen befreit und nach Sorten geordnet übersichtlich auf die Arbeitsfläche gelegt.
Fast alle Blumensträuße werden in der Spiraltechnik gebunden, von innen nach außen. Dadurch erzielt man zum einen eine größere Fülle, und zum anderen stützen und schützen sich die Blumen besser gegenseitig. Rechtshänder halten den Strauß beim Binden in der linken Hand, Linkshänder in der rechten Hand.
Den Strauß beginnt man mit der Mitte. Dafür nimmt man eine dominante Blüte mit einem längeren Stiel. Um diese Blüte legt man durch stetes Drehen des Straußes – wie in einer Spirale – ein Stiel nach dem anderen an. Und zwar so, dass die Stiele immer schräg unter dem Daumen in dieselbe Richtung verlaufen.
Dabei rutscht man mit den Blüten nach jeder Umrundung der Mitte etwas tiefer.
Je schräger man die Stiele anlegt, umso breiter fächert sich der Strauß auf. Damit der Strauß schön aufgelockert wird, sollte man darauf achten, dass man immer wieder auch Schmuckgrün verwendet. Am Schluss wird etwas Grün um den Strauß gelegt.
Am Ende kontrollieren Sie Ihren Strauß und schauen, ob man einzelne Stiele noch höher schieben oder weiter nach unten ziehen muss, um ein stimmiges Gesamtbild zu bekommen. Sind Sie zufrieden, werden die Stiele auf eine gleiche Länge gekürzt und dann der Strauß mit einem Gummi oder Bast zusammengebunden.

Nicht zu fest, damit keine Stiele abknicken oder gequetscht werden. Danach werden bei Bedarf die frisch gekürzten Stiele noch schräg angeschnitten, und dann kommt das Kunstwerk ins Wasser.

DIE VASENVIELFALT

Seien sie kreativ. Vom alten Gartenschuh bis zur Zuckerdose, vom Eierbecher bis zu Omas Keksdose eignet sich alles als Blumenvase. Was nicht wasserdicht ist, wird wasserdicht gemacht, indem man ein Einmach- oder Marmeladenglas hineinstellt. Da sind der Phantasie fast keine Grenzen gesetzt.

WAS KANN ICH GUTES FÜR DIE NATÜRLICHE VIELFALT TUN?

Versuchen Sie in Ihrem Garten Lebensräume für Wildblumen zu erhalten oder zu erschaffen. Selbst im Balkonkasten kann man auf kleinstem Raum Naturrefugien schaffen. Noch schöner wäre es natürlich, wenn sich mehr Menschen dafür entscheiden würden, sich eine Blumenwiese anzulegen, anstatt einen artenarmen Rasen zu pflegen. Es gibt für alle möglichen Bodenbeschaffenheiten und Lagen die passende Wiesenblumenmischung, die im Fachhandel und in Spezialgärtnereien zu beziehen ist.
Der Aufwand, sich so ein Naturrefugium anzulegen, ist überhaupt nicht groß. Oft reicht es schon, nur eine Ecke des Gartens für eine solche blühende Wiese zur Verfügung zu stellen, und fast verschwundene Wildblumenarten kehren wieder in unsere Landschaft zurück. Tatsächlich sind inzwischen die meisten der noch intakten und reichlich blühenden Blumenwiesen vom Menschen gemacht. Nicht nur viele Wildkräuter und Blüten, sondern auch jede Menge Insekten und Kleintiere finden darin Schutz, Futter und Lebensraum. Dasselbe gilt übrigens auch für unsere Wildgehölze.
Versuchen sie doch einmal, in einem Gartenbereich Ruderalpflanzen auszusäen. Das sind Pflanzen, die sich recht selbständig an Standorten ansiedeln und behaupten und kaum Pflege brauchen. Dazu zählen recht attraktive und dekorative Pflanzen wie die Beifußarten, Malven, Königskerzen, Borretsch, die Eselsdistel, die wunderschöne blaue Ochsenzunge, Kamille, Storchschnabelarten und viele weitere Wildblumen. Das ist auf jeden Fall ein optischer Gewinn und wird viele Insekten anlocken.

Ein Versprechen auf den Frühling

ZAUBERNUSS (HAMAMELIS)

Wenn alles in der Natur noch im Winterschlaf liegt, erwacht die Zaubernuss, botanisch *Hamamelis*. Vielen ist dieser Name bekannt, weil man ihn des Öfteren auf kosmetischen Artikeln und Heilsalben finden kann. Unter anderem wirkt die Hamamelis entzündungshemmend und blutstillend.
Aber vor allem, und das ist das wirklich zauberhafte an ihr, ist sie der erste Farbtupfer in der Winterlandschaft, der einen Hauch von Frühling andeutet. Die feinen Blütenblätter leuchten vor allem im Gegenlicht wunderschön und bringen regelrecht Wärme in die triste Winterkälte.

Die **ZAUBERNUSS** sieht mit ihren filigranen, gelben bis orangefarbenen Blüten wunderschön in der Vase aus. Und auch bei minus 10 °C duften sie süß in der Winterlandschaft. Sie wirkt für sich ganz alleine und kommt daher gut ohne Beiwerk aus. Wer sich die Zaubernuss ins Zimmer holen will, kann die Zweige noch mit Knospen pflücken. Den Übergang ins warme Zimmer kann man ihr erleichtern, indem man sie in der ersten Nacht in ein kühles Zimmer, einen Flur o.ä. stellt.

Zaubernuss

Strauß mit Blausternen und Blütenzweigen

BLAUSTERNE (SCILLA), **BLUTPFLAUME** (PRUNUS CERASIFERA), **KIRSCHE** (PRUNUS AVIUM), **SCHNEEBALL** (VIBURNUM), **BLÄTTER VON WINTERLINGEN** (ERANTHIS HYEMALIS), **FARNBLÄTTER**, **EFEU** (HEDERA HELIX)

Die **BLAUSTERNE**, oft auch einfach nur Szilla genannt, findet man vor allem auf feuchten Wiesen, in Wäldern und unter Gebüschen. Meistens wurden sie irgendwann gepflanzt, und dann verwilderten sie und breiteten sich in blauen Blütenteppichen aus. Der Blaustern ist giftig.
Will man ihn für die Vase pflücken, zieht man ihn am besten am Stiel aus dem Boden. Dabei bleibt die Zwiebel im Erdreich, und der Stiel ist so deutlich länger, als wenn man ihn einfach nur abschneidet.

Blatt vom Winterling

Blaustern

Beim Binden sollte man vorsichtig sein, da die Stiele leicht brechen. Am besten hält man den Strauß, bis er fertig ist, locker in der Hand, und stellt ihn dann, ohne ihn zusammenzubinden, in die Vase. So knicken die empfindlichen Stiele nicht.

Mit dem Blaustern kann man alle zarten Zweige, die schon Blüten zeigen, kombinieren. Auch das erste Grün, das als Beiwerk dienen kann, ist jetzt draußen zu finden: hier die Blätter der schon verblühten Winterlinge, Farn und Efeublätter. Aber auch Buchsbaumzweige oder die Blätter der Mahonie (*Mahonia aquifolium*) würden sich als grünes Beiwerk für das Sträußchen eignen.

Blutpflaume

Farn

Schneeball

Efeu

Kirsche

Weidenkätzchenkranz

WEIDENKÄTZCHEN (SALIX), KRANZUNTERLAGE AUS STROH

Von den **WEIDEN** (*Salix*) gibt es über 400 Arten, und deshalb auch viele unterschiedliche Weidenkätzchen. Eins haben sie aber gemeinsam, sie sehen alle auf ihre Art schön aus. Haben Sie selbst keine Weide im Garten, von der Sie ein paar Zweige ernten können, kaufen Sie welche beim Gärtner. Die Gärtner bieten meist schon ab Januar vorgetriebene Weidenkätzchen zum Kauf an. So bleiben die geschützten Weidenkätzchen in der Natur den Bienen vorbehalten.

Ein Weidenkätzchenkranz lässt sich einfach herstellen. Sie benötigen nur eine Kranzunterlage (am besten aus Stroh), Klebstoff, Weidenkätzchen und etwas Geduld. Dann werden Reihe für Reihe die Kätzchen um den Kranz geklebt.

So ein Schmuckstück aus Weidenkätzchen ist über Jahre haltbar und bietet sich als „Rahmen" für weitere Arrangements an. So kann man in seine Mitte Blumentöpfe oder Blumen in der Vase stellen. Er kann österlich mit bunten Eiern und Frühjahrsblühern genauso wie für den Advent mit bunten Kugeln und Ilexzweigen geschmückt werden.

Tulpen im Kranz

Der feine Veilchenstrauß

DUFTVEILCHEN (VIOLA ODORATA), **EIERBECHER**

Vom **VEILCHEN** (*Viola*) gibt es etwa 400 Arten, am bekanntesten ist bei uns das Duftveilchen, von dem wiederum viele verschiedene Gartensorten gezüchtet wurden. Schon seit dem Mittelalter ist das Veilchen aus Kloster- und Kräutergärten verwildert. Man findet es daher bei uns im März und April auf Wiesen, oft an Zäunen, Hecken und an Waldrändern.

Das Veilchen hat eine hohe Symbolkraft und stand früher für Reinheit, Unschuld und Demut. Später war es ein Liebesbote. Das kann man verstehen, wenn einem der zarte Duft des Veilchens in die Nase steigt. Man kann das Veilchen auch zu einem feinen Sirup verarbeiten, die Blüten kandieren und als Zierde für Süßspeisen verwenden, und man kann es als feine Note in den Salat streuen.

Ein Veilchenstrauß fasst man am stimmigsten mit Veilchenblättern ein und bindet ihn vorsichtig mit einem Bastschnürchen zusammen, ohne die zarten Stiele zu knicken. Als Vase eignen sich hervorragend Eierbecher oder Schnapsgläser. Diese, in einer Reihe in die Tischmitte gestellt, sehen einfach nur duftig und schön aus.

Veilchen

Buschwindröschen

BUSCHWINDRÖSCHEN (ANEMONE NEMOROSA)

Die weißen Blütenteppiche aus **BUSCHWINDRÖSCHEN** sind das eindeutige Zeichen, dass der Frühling eingetroffen ist. Man findet sie zwischen März und Mai meist auf Wiesen, am Gehölzrand und in Mischwäldern, wo die Blumen das erste Frühlingslicht unter den noch kahlen Bäumen ausnutzen.

Der Name Buschwindröschen kommt höchst wahrscheinlich daher, dass die stark aufgeblühten Blüten ihre Blütenblätter leicht vom Wind davontragen lassen. Den schönsten Namen hat das Buschwindröschen im Schwäbischen, da ist es das Bachbombele. In der Schweiz gilt allerdings die Sumpfdotterblume als Bachbombele. Und eigentlich ist das Buschwindröschen eine Anemone und kein Bombele, und wie nett der Name auch ist, giftig ist es trotzdem.

Das Buschwindröschen macht es einem wirklich sehr einfach, es zu einem kompakten Strauß zu binden. Durch seinen Blattkranz in Höhe der Stielmitte wird jede Blüte im Strauß in einem angemessenen Abstand zur nächsten Blüte gehalten, und ganz einfach bekommt man einen perfekt kugeligen, runden Strauß. Da braucht es nichts Schmückendes und Ausfüllendes mehr dazu. Und dazu halten sich die Buschwindröschen auch richtig lange frisch und schön im Wasser.

Buschwindröschen

Aprilstrauß in kräftigen Farben

FRÜHLINGSPLATTERBSE (LATHYRUS VERNUS), **EINJÄHRIGES SILBERBLATT** (LUNARIA ANNUA), **WOLFSMILCH** (EUPHORBIA); **NELKENWURZ** (GEUM), **BLUTJOHANNISBEERE** (RIBES SANGUINEUM), **FRÜHLINGS-CHRISTROSE** (HELEBORUS ORIENTALIS), **GOLDLACK** (ERYSIMUM CHEIRI), **FARNBLÄTTER**, **LUNGENKRAUT** (PULMONARIA)

Ein Aprilstrauß in satten, kräftigen Farben mit der **FRÜHLINGSPLATTERBSE**. Man findet sie in Laub- und Mischwäldern und an halbschattigen Orten. Die Frühlingsplatterbse besticht durch einen schönen kräftigen Farbverlauf in den Blüten, hält sich gut in der Vase und ist giftig.

Platterbse, Silberblatt, Goldlack, Nelkenwurz, Vergissmeinnicht

Dann haben wir noch die Blüten des **SILBERBLATTS**, das noch so schöne Namen wie Silbertaler, Silberling, Judaspfennig oder Mondviole hat. Im Frühjahr mit violetten Blüten. Im Herbst dann silbrig schimmernd. Daher die Namen.

Bei der **WOLFSMILCH** tritt, wenn man sie verletzt, ein Milchsaft aus der Wunde aus. An der Luft gerinnt er dann recht schnell. Hautkontakt mit dem Saft sollte man meiden, da er je nach Art schwach bis stark reizend sein kann und giftig ist. Von der umfangreichen Familie der Wolfsmilch-Gewächse gibt es einige schöne Gartenformen, zum Beispiel Zypressen-Wolfsmilch oder Gold-Wolfsmilch, aber auch wild wachsende wie Garten-Wolfsmilch oder Sonnwend-Wolfsmilch.

Der orangefarbene **NELKENWURZ** ist eine von zahlreichen Zierformen für den Garten. Die wilde Form ist ein altes Heilkraut, hat etwas kleinere Blüten, blüht gelb und hat tatsächlich Nelkenöl in der Wurzel.

Die **BLUTJOHANNISBEERE**, oder **ZIERJOHANNISBEERE** ist vor allem durch ihre Blüten attraktiv. Sie trägt später im Jahr zwar auch ungiftige Beeren, aber diese schmecken nicht besonders gut.

Die **FRÜHLINGS-CHRISTROSE** oder auch Lenzrose ist giftig. Sie sieht selbst verblüht noch schön in der Vase aus, hält sich aber an einem kühlen Platz auch recht lange. Und es gibt wunderschöne Farbvarianten, von schneeweiß bis dunkelviolett.

Die Rote Lichtnelke mit Sternmiere

ROTE LICHTNELKE (SILENE DIOICA), **STERNMIERE** (STELLARIA HOLOSTEA)

Die **ROTE LICHTNELKE** blüht von April bis September. Sie wird auch Rotes Leimkraut, Herrgottsblut oder Rote Nachtnelke genannt, und man findet sie auf Wiesen, Feuchtwiesen, in lichten Laubwäldern, an Hecken und an Waldrändern. Abends macht die Lichtnelke allerdings ihre Blüten zu. Ihre Wurzeln nutzte man früher als Seife.

Die weiße, zarte **STERNMIERE** blüht an Wald- und Wegrändern, in Wiesen und oft auch in Parkanlagen von April bis Juni und macht ihrem Namen alle Ehre: Wie unzählige weiße Sternchen ziehen sich die Blüten in Teppichen durchs Gras.

Beide zusammen ergeben einen einfachen, harmonischen Frühlingsstrauß.

Ein Duftwunder aus Flieder und Goldlack

GOLDLACK (ERYSIMUM CHEIRI), **FLIEDER** (SYRINGA)

Der **GOLDLACK** gehört auch zu den klassischen Bauerngartenpflanzen und wird zusammen mit dem Flieder zu einer wahren Duftexplosion für unsere Nase.

Den **GOLDLACK** gibt es in einer herrlichen Farbpalette: dottergelb, rostrot, lila, lachs, creme, gesprenkelt ... und das alles gekrönt mit einem veilchenähnlichen, intensiv süßen Duft. Wegen des Dufts dachte man im Altertum, er gehöre zu den Veilchen. Daher kommen Namen wie Stammviole oder Bauernveigel.

Der **FLIEDER**, einer der ältesten Ziersträucher, darf eigentlich auch in keinem Bauerngarten fehlen. Er verströmt ebenfalls einen wunderbaren Duft und hat herrliche Blüten von Weiß bis Lilablau. Früher hat man in der Gärtnerausbildung noch gelernt, verholzte Stiele muss man immer klopfen, bevor sie in die Vase kommen, damit sie gut Wasser ziehen können. Das ist inzwischen überholt. Ein sauberer, schräger Anschnitt von drei bis vier Zentimetern genügt, damit der Flieder genügend Wasser bekommt.

Goldlack

Flieder

Eine Schale voller Günsel

GÜNSEL (AJUGA REPTANS)

Wie ganz viele kleine blaue Tannenbäumchen sieht die Schale voll mit Kriechendem Günsel aus. Und das Witzige ist, egal wie krumm und schief die kleinen blauen Tannenbäumchen in der Schale stehen, der Günsel richtet sich immer wieder gerade auf und wächst auch noch ein Stückchen in die Höhe. Es muss auch nicht gleich eine ganze Schale voller Blüten sein. Man kann auch einfach ein paar Stiele in kleine Windlichter stellen und diese als Tischdeko verwenden.

Der **GÜNSEL** hält sich im Blumenwasser sehr lange. Es ist außerordentlich schade, dass er von so vielen Leuten nur als Unkraut wahrgenommen wird. Er blüht von April bis Juni, und man findet ihn auf Wiesen, in Laubwäldern, an Waldrändern, unter Hecken und in Gärten.

Damit die Günselstiele beim Befüllen der Schale nicht ständig umkippen, kann man dünne Holzstäbe (hier sind es abgestorbene Himbeerruten) in die Schale klemmen und legen. Diese geben dem Günsel so lange Halt, bis seine Stängel so dicht stehen, dass an Umfallen nicht mehr zu denken ist. Auch eine Schicht von kleinen Steinchen, Split oder Kies im Gefäß bietet wunderbaren Halt für die Blumen.

Günsel

Quer durch den Aprilgarten

FLIEDER (SYRINGA), **AKELEI** (AQUILEGIUM), **GARTEN-NELKENWURZ** (GEUM CHILOENSE), **FLOCKENBLUMEN** (CENTAUREA JACEA), **KAUKASISCHES VERGISSMEINNICHT** (BRUNNERA), **STERNMIERE** (STELLARIA HOLOSTEA), **SILBERBLATT** (LUNAIRA ANNUA) **UND WOLFSMILCH** (EUPHORBIA)

Ein Strauß in kräftigen Farbtönen, fröhlich und frisch.

Das **EINJÄHRIGE SILBERBLATT** heißt auch Garten-Silberblatt, Judas-Silberling, Judas-Pfennig, Silbertaler oder Garten-Mondviole. Obwohl das Silberblatt (entgegen seinem Namen) nur zweijährig ist, bleibt es doch durch Selbstaussaat standorttreu. Als beliebte Zierpflanze in Bauerngärten Mitteleuropas und anderer Regionen verwildert es aber regelmäßig und ist deshalb inzwischen selbst auf Bahnböschungen zu finden. Er trägt viele violette, gelegentlich auch weiße Blüten, die sich in sehr dekorative, flach-ovale und silbrig-weiße Samenkapseln verwandeln.

Silberblatt

Akelei

Auch die **AKELEI** ist eine Gartenpflanze, die sich selbst aussäht, jedoch nicht unbedingt standorttreu – das hat ihr den Spitznamen „Vagabundin der Gärten" eingebracht. Ihre wunderbar zarten Blüten schmücken schon mittelalterliche Handschriften und gehören auch in den Bauerngarten.

Die **STERNMIERE** findet man in Wäldern, sie ist verwandt mit der Vogelmiere, einem allgegenwärtigen Gartenwildkraut. Heute findet man aber auch die Große Sternmiere in Gärten, weil sie ein wunderschöner Bodendecker ist und noch dazu als Würzkraut gebraucht werden kann.

Die **WIESEN-FLOCKENBLUME** findet man ursprünglich auf Wiesen, dort ist sie jedoch seltener geworden. Sie gehört inzwischen zu den beliebten Gartenpflanzen und lässt sich leicht aussähen. Als winterharte Staude überlebt sie jahrelang im Garten.
Unter den verschiedenen **WOLFSMILCH**-Sorten gibt es viele pflegeleichte und ausdauernde Gartenstauden, die das Beet mit Grün- und Gelbtönen schmücken. Die Wildform, die man oft im Garten und auf Wiesen findet, ist dagegen keine Staude, sondern einjährig. Beim Verarbeiten sollte man aufpassen: Der Name »Wolfsmilch« weist darauf hin, dass der milchige Pflanzensaft die Haut reizt.

Das **KAUKASUS-VERGISSMEINNICHT** ist eine hübsche Gartenform unter den Vergissmeinnicht-Arten. Gegenüber dem heimischen Vergissmeinnicht (*Myosotis*) hat es den Vorteil, als ausdauernde Staude zu wachsen.

Während der **ECHTE NELKENWURZ** mit seinen kleinen gelben Blüten in manchen Jahren wie Unkraut in jedem Beet zu finden ist, ist der orangefarbene **GARTEN-NELKENWURZ** eine beliebte und unkomplizierte Staude, die es in vielen verschiedenen Sorten gibt. Er hält sich gut in der Vase, ebenso wie die zarte Akelei kommt er besonders neben Pflanzen mit schönen Blättern zur Geltung.

Flockenblume

Nelklenwurz

Vergissmeinnicht

Schlüsseblume

Bescheidene Frühblüher in Gelb und Weiß

SCHÖLLKRAUT (CHELIDONIUM MAJUS), **HOHE SCHLÜSSELBLUME** (PRIMULA ELATIOR), **WEISSE TAUBNESSEL** (LAMIUM ALBUM), **BUSCHWINDRÖSCHEN** (ANEMONE NEMOROSA)

Das **SCHÖLLKRAUT** blüht von April bis in den September hinein, und man findet es oft in der Umgebung von Bauten, auf Schuttplätzen, an Wegrändern und sogar in Mauerspalten. Bricht man es an den Blättern oder am Stiel ab, tritt ein gelborangener Milchsaft aus der Bruchstelle. Dieser ist giftig und hat einen scharfen, bitteren und unangenehmen Geschmack. Das besondere am Schöllkraut ist, dass es nur vier Blütenblätter hat. Bei schlechtem Wetter schließen sich die Blüten, und die Stiele senken sich nach unten. Goldkraut und Goldwurz wird das Schöllkraut noch genannt, weil die Alchemisten früher versucht haben, aus der Wurzel Gold zu gewinnen – sicherlich angeregt durch den leuchtend orange-gelben Saft der Wurzel.

Die Echte Schlüsselblume (*Primula vera*) ist geschützt und sollte auf keinen Fall in der Natur gepflückt werden. Sie unterscheidet sich von der **HOHEN SCHLÜSSELBLUME** (*Primula elatior*) dadurch, dass sie duftet und dass ihre Blütenblätter dottergelb sind. Innen, an jedem der fünf Blütenblätter, ist ein orangefarbener kleiner Fleck zu sehen, das Saftmal. Die Schlüsselblumenart die wir verwenden, ist die hohe Schlüsselblume, die in Gärten ebenso wie auf Wiesen zu finden ist. Sie ist von einem helleren Gelb, die Blüten sind größer und duften weniger, und sie blüht von März bis Mai. Die jungen grünen Blätter der Schlüsselblume kann man für Salate verwenden. Auch die Blüten sind essbar.

Die **WEISSE TAUBNESSEL** hat ihren Namen daher, dass sie – im Gegensatz zur Brennnessel – nicht brennt. Man nennt sie aber auch noch Löffelblume, Kuckucksnessel, Bienensaug oder Zauberkraut. Sie wächst vor allem an Weg- und Wiesenrändern, in Gräben, an Hecken, auf Brachland und auf Schuttplätzen und blüht von April bis Oktober.

Lungenkraut

Strauß mit Vergissmeinnicht, Lungenkraut und Buschwindröschen

VERGISSMEINNICHT (MYOSOTIS), **LUNGENKRAUT** (PULMONARIA), **BUSCHWINDRÖSCHEN** (ANEMONE NEMOROSA)

Das **VERGISSMEINNICHT** steht in der Blumensprache für zärtliche Erinnerung sowie für Abschied in Liebe. Das verblüffende ist, dass es in vielen Sprachen einen Namen mit der gleichen Bedeutung trägt. Oft gibt es auch die passenden Legenden dazu. Finden kann man es außer in vielen Gärten auf Wiesen, Wegrändern und am Heckensaum – aufpassen muss man am Bodensee, die dortige Wildart steht unter Naturschutz. Das Vergissmeinnicht mag es, wenn man es am Stiel schräg anschneidet, bevor es ins Wasser kommt.

Das **LUNGENKRAUT** hat seinen Namen wegen seiner heilenden Wirkung auf die Atemwege. Man findet es in schattigen Lagen, in Laubmischwäldern, unter Büschen und an Bachufern. Viele Leute meinen, das Lungenkraut sei eine blaue Schlüsselblume, da sich die Blütenformen sehr ähnlich sehen, was aber nicht der Fall ist. Wenn das Lungenkraut zu blühen anfängt, haben die kleinen Blüten zuerst eine rosa bis rotviolette Farbe, die dann langsam ins Blau übergeht. Das liegt daran, dass die Blüten nach dem Bestäuben durch die Bienen ihren pH-Wert ändern. Die rosa-rotvioletten Blüten sind noch voll mit Blütenstaub, die schon bestäubten Blüten werden blau.

Die **BUSCHWINDRÖSCHEN** wurden ja schon im Februar vorgestellt, hier lassen sie die Blautöne von Vergissmeinnicht und Lungenkraut frischer hervortreten.

Taubnessel und Wiesenschaumkraut

Rote Taubnessel mit luftigem Wiesenschaumkraut

GEFLECKTE TAUBNESSEL (LAMIUM MACULATUM), **WIESENSCHAUMKRAUT** (CARDAMINE PRATENSIS)

Die **GEFLECKTE TAUBNESSEL** blüht von April bis Oktober und ist fast überall zu finden: an Weg- und Ackerrändern, auf Wiesen, in Gärten und Weinbergen. Wenn man an den purpurnen Blüten saugt, kommt ein wenig süßlicher Saft heraus. Die Blüten sind essbar, ebenso wie die jungen Blätter, die man auch in den Salat geben kann.

Damit wäre dieser Strauß komplett essbar: Auch das Wiesenschaumkraut schmeckt sehr lecker. Seine Blätter schmecken würzig scharf, ein wenig wie Kresse; manchmal so scharf, dass es einem die Tränen in die Augen treibt.

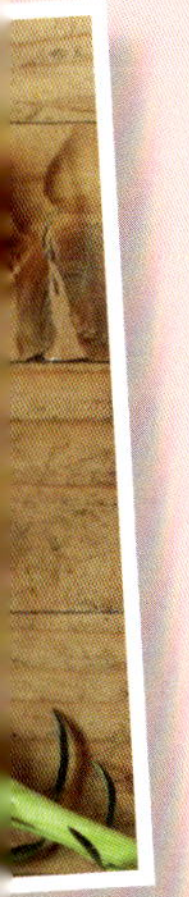

Das **WIESENSCHAUMKRAUT** zaubert im April ganze Blütenteppiche in Zartrosa auf die Wiesen. Es liebt vor allem die feuchten Wiesen, und das macht ihm das (Über-)leben schwer, denn feuchte Wiesen werden immer seltener, und das Wiesenschaumkraut verschwindet daher leider immer mehr aus unserer Landschaft. Wahrscheinlich hat dieses feine Kraut seinen Namen daher, dass man an ihm oft Schaumnester findet. Dieser Schaum wird von der Larve der Schaumzikade zum eigenen Schutz produziert und sieht aus wie hingespuckt. Deshalb wird er auch Hexenspucke oder Kuckucksspeichel genannt. Aber vielleicht hat das Kraut seinen Namen auch daher, weil seine Blütenteppiche wirklich auch wie weiche, zartrosa Schaumwolken auf den Wiesen aussehen.
Am besten schneidet man das Wiesenschaumkraut, wenn die Knospen noch kaum geöffnet sind. In der Vase legen die Stängel nochmals an Länge zu. Das kann man schon beim Binden berücksichtigen oder die Stiele nach einer Weile noch einmal einkürzen und zurechtrücken.

Tränende Herzen in duftigen weißen Wolken

WIESENKERBELS (ANTHRISCUS SYLVESTRIS), **TRÄNENDES HERZ** (LAMPROCAPNOS SPECTABILIS), **STERNMIERE** (STELLARIA HOLOSTEA)

Die Dolden des **WIESENKERBELS** blühen von April bis Juli auf Wiesen, und zwar vor allem auf den etwas überdüngten Wiesen. Die Landwirte schätzen ihn nicht sehr, weil seine harten Stängel das Heu in der Qualität sehr mindern. Außerdem breitet er sich enorm in den Wiesen aus, und verdrängt somit andere Wiesenpflanzen – Letztendlich ein hausgemachtes Problem. Wie so viele Doldenblütler, von denen er einer der frühesten im Jahr ist, gibt er einem Strauß duftige Fülle, dabei wirkt er im Vergleich etwa zur Wilden Möhre noch zarter und feiner.

Das **TRÄNENDE HERZ** kommt ursprünglich aus Ostasien, ist jedoch seit langem eine traditionelle Staude der Bauerngärten. Es erscheint früh im Jahr, wenn es nicht von den Spätfrösten beschädigt wird, und hält sich gut in der Vase.

Der Wiesenkerbel zusammen mit der Sternmiere bietet den floristischen Rahmen für viele andere Blüten, die man locker dazwischen stecken kann. Sehr schön ist auch die Kombination der beiden mit bunten Tulpen.

Alte Zinkwannen sind übrigens ein wunderschöne Gefäße für alle möglichen Blumenarrangements. Man kann als Steckhilfe knorrige, verzweigte Äste in die Wanne stellen, die die Blüten dann stützen und halten. Oder man bespannt die Wanne oben mit einem Hasengitter. Auch das fixiert die Blumen, und unter dem Blüten- und Laubmeer ist es dann nicht mehr zu sehen.

Große Sternmiere und Wiesenkerbel

Tränendes Herz

Nostalgisches Kränzchen

BARTNELKEN (DIANTHUS BARBATUS), **KLAPPERTOPF** (RHINANTUS), **LABKRAUT** (GALIUM ALBUM), **WASSERDICHTES KRANZGEFÄSS, STECKMOOS, DÜNNES HOLZSTÄBCHEN, PFINGSTROSENBLÄTTER, STOFFBAND ODER MOOS**

Der Kranz aus Bartnelken, Klappertopf und Labkraut ist ein wahres Haltbarkeitswunder. Am richtigen Ort (nicht zu warm) platziert und immer wieder mit frischem Wasser nachgegossen, hält er viele Tage lang. Dabei kommen die Bartnelken aus dem Bauerngarten, die anderen Pflanzen von der Wiese.

Am einfachsten ist es, wenn man sich beim Floristen ein wasserdichtes Kranzgefäß besorgt. Diese Gefäße gibt es aus Kunststoff in verschiedenen Größen, oder auch aus Korbgeflecht und mit Plastikfolie ausgekleidet. In das Kranzgefäß gibt man dann passend zugeschnittenes und gut mit Wasser getränktes Steckmoos, und schon kann man mit dem Arrangieren und Stecken beginnen.
Am besten steckt man als erstes ringsum die Bartnelken. Diese lassen sich recht einfach verarbeiten, weil sie schöne stabile Stiele haben. Danach füllt man die Lücken zwischen den Nelken mit dem Klappertopf und dem Labkraut. Vor allem die Stiele des Labkrautes sind etwas zarter. Deshalb ist es besser, man sticht mit einem dünnen Holzstäbchen (z. B. Schaschlikspieß) das Loch vor, in das man dann den zarten Stiel steckt.
Verwendet man ein Kunststoffgefäß, sieht es oft schöner aus, wenn man es verkleidet. Ob man es mit einigermaßen festen Blättern umwickelt, einem schönen Stoffband, Heu oder Moos, ist Geschmackssache. Hier ist der Kranz mit den Blättern der Pfingstrose und dann mit einem schönen Spitzenband umwickelt.

Blumen von der Bachwiese

GOLDNESSEL (LAMIASTRUM GALEOBDOLON) **WIESENSALBEI** (SALVIA PRATENSIS), **TAUBENKROPF-LEIMKRAUT** (SILENE VULGARIS), **SAUERAMPFER** (RUMEX ACETOSA), **WOLFSMILCH** (EUPHORBIA), **WIESENKNOPF** (SANGUISORBA OFFICINALIS), **GLOCKENBLUME** (CAMPANULA), **MARGERITE** (LEUCANTHEMUM VULGARE), **WIESENKERBEL** (ANTHRISCUS SYLVESTRIS), **WEISSE TAUBNESSEL** (LAMIUM ALBUM), **GELBER KLAPPERTOPF** (RHINANTUS), **BLECHDOSE, EINMACHGLAS**

Dieser lockere Strauß wurde beim Spaziergang am Bach gepflückt. Gebunden wurde er erst gar nicht, sondern gleich wild und locker in die alte schöne Blechdose gesteckt. Das diese nicht dauerhaft wasserdicht ist, steht in ihrem Inneren noch ein Einmachglas.

Verwendet wurde die **GOLDNESSEL**, die von Mai bis September vor allem am Waldrand blüht, der Wiesensalbei und das Taubenkropf-Leimkraut.

Das **TAUBENKRÖPFCHEN** hat zwar den ganzen Tag seine Blüten geöffnet, riecht aber erst in der Nacht. Deshalb lockt es vor allem Nachtfalter. Ein wenig erinnert der Geruch an Klee. Es blüht den ganzen Sommer, und früher hat man aus seinen Wurzeln Seifenlauge gekocht. In der Blumenvase hält sich das Leimkraut lange.

Dann wurden noch der Sauerampfer, die Wolfsmilch und der Wiesenknopf mit arrangiert. Der Wiesenknopf hat kleine, dunkel-rötliche Blüten, wie kleine Köpfchen. Und auch die Glockenblume, Margerite, den Wiesenkerbel, die weiße Taubnessel und den gelben Klappertopf findet man in der alten Dose.

Carletti
Carletti

Der Mai in Blau

WIESENSTORCHSCHNABEL (GERANIUM PRATENSE), **NATTERNKOPF** (ECHIUM VULGARE), **KUCKUCKSLICHTNELKE** (LYCHNIS FLOS-CUCULI), **WEISSES LABKRAUT** (GALIUM ALBUM), **GROSSER EHRENPREIS** (VERONICA TEUCRIUM), **WIESENKERBEL** (ANTHRISCUS SYLVESTRIS), **GRÄSER**

Ein Blumenstrauß aus Wiesenstorchschnabel, Natternkopf und Kuckuckslichtnelke mit dem Weißen Labkraut, Gräsern, Ehrenpreis und Wiesenkerbel als Begleiter.

Den **NATTERNKOPF** mit seinen schönen blauen Blüten findet man oft an steinigen Stellen wie Wegrändern, Gleisbetten, Steinbrüchen und Böschungen. Er kann an optimalen Standorten bis zu 1 Meter hoch werden. Er ist etwas unangenehm zum verarbeiten, da er an Stängel und Blättern mit stacheligen Borsten übersät ist

Die oft tiefblauen Blüten des **WIESENSTORCHSCHNABELS** halten sich nicht ganz so lange wie andere Blüten in der Vase. Aber es sind meist noch Knospen am Stiel, die auch noch im Wasser aufblühen. Wenn es bei Regenwetter, bedecktem Himmel oder auch am Abend düster wird, senkt er seine Blütenköpfchen nach unten, um seinen Blütenstaub zu schützen. Kommt Sonne und Licht zurück, hebt er das Köpfchen wieder hoch.

Die immer etwas verstrubelt wirkende **KUCKUCKSLICHTNELKE** ist auch eine der Wildblumen, die mit den feuchten Wiesen leider aus unserer Landschaft verschwinden. Auch an ihr findet man oft die „Kuckucksspucke" der Schaumzikaden wie am Wiesenschaumkraut. Wahrscheinlich hat auch sie, wie jenes Kraut t, ihr ihren Namen zu verdanken.

Die kleinen blauen Blüten der Ehrenpreis-Gewächse kennt fast jeder aus dem Garten: Gamander-Ehrenpreis und Acker-Ehrenpreis säen sich wild in Beeten und in Wiesen aus. Der **GROSSE EHRENPREIS** sieht seinen kleineren Verwandten recht ähnlich, erreicht jedoch eine Größe von bis zu einem Meter, so dass man ihn in einen Strauß binden kann. Er braucht nicht ganz so viel Sonne wie der Gamander-Ehrenpreis und ist wild auf Wiesen und in Gebüschen zu finden oder kultiviert als Staude in der Gärtnerei.

Ehrenpreis und Wiesen-Storchschnabel

Kuckuckslichtnelke und Natternkopf

Der Mai in Gelb

KLAPPERTOPF (RHINANTHUS), **WEISSES LABKRAUT** (GALIUM ALBUM), **GARTEN-ARNIKA** (ARNICA MONTANA, CHAMISSONIS ODER ANGUSTIFOLIA), **FRAUENMANTEL** (ALCHEMILLA MOLLIS), **HABICHTSKRAUT** (HIERACIUM AURANTIACUM), **MARGERITEN** (LEUCANTHEMUM), **HORNKLEE** (LOTUS CORNICULATUS)

Der **KLAPPERTOPF** hat seinen Namen, weil er schön klappert, wenn man ihn schüttelt, wenn seine Samenstände reif sind. Er wird aber auch weniger schmeichelnd Milchdieb oder Milchschelm genannt, weil er als Schmarotzer die Wurzeln der Nachbarpflanzen anzapft und somit nicht der angenehmste Blumennachbar ist. Er blüht von Mai bis Juni, und man findet ihn an Weg- und Grabenränder, Feldränder, Brachäcker und Wiesen. In der Vase hält er sich schön lange frisch.

Das **WEISSE LABKRAUT** mit seinen fast nadeligen Blättern blüht vom Mai bis in den September in Wiesen, Gebüschen und an Waldrändern. Es hat einen vierkantigen Stängel, und die Blüten sehen aus wie viele kleine Sternchen. Das Labkraut produziert das so genannte Lab-Ferment, und eben dieses Ferment wird dazu gebraucht, aus Milch Käse zu machen. Sogar die alten Griechen gossen schon ihre Milch durch aus Labkraut geflochtene Siebe, um dann Käse daraus herzustellen.

Hornklee, Wiesenkerbel, kleiner Klappertopf

Die **ARNIKA** bringt ihre strahligen, sattgelben Blüten von Mai bis August hervor. In der Natur steht die Arnika (*Arnica montana*) unter Schutz! Man kann die heimische Berg-Arnika auch im Garten anpflanzen, meist werden für den Garten jedoch die schmalblättrige oder die amerikanische Arnika angeboten.

Der **FRAUENMANTEL** ist mit seinen gelb-grünen, feinen Blüten ein wunderbarer Rosenbegleiter und ein optimales füllendes Beiwerk für Sträuße. Man findet ihn in Maiwiesen, an Waldrändern, Bächen und Wegrändern.

Das **ORANGEROTE HABICHTSKRAUT** ist zwar ein hübscher kräftiger Farbtupfer im Strauß, es schließt allerdings abends seine Blüten. Zu finden ist es auf mageren oder trockenen Wiesen, manchmal hat es auch seinen Platz im Garten.

Außerdem wurden in diesem frisch-gelben Strauß Margeriten und der gelbe Hornklee mit verwendet.

Frauenmantel, Arnika, weißes Labkraut

Der Muttertags-klassiker

WIESENSALBEI (SALVIA PRATENSIS), **MARGERITE** (LEUCANTHEMUM), **TAUBEN-KROPF-LEIMKRAUT** (SILENE VULGARIS), **ROTE LICHTNELKE** (SILENE DIOICA), **GOLDNESSEL** (LAMIUM GALEOBDOLON), **WIESENKERBEL** (ANTHRISCUS SYLVESTRIS), **WIESEN-WITWENBLUME** (KNAUTIA ARVENSIS), **ESPARSETTE** (ONOBRYCHIS), **GLOCKENBLUME** (CAMPANULA).

Dieser Strauß ist der Muttertagsklassiker schlechthin, weil es genau die Blumen sind, die die Kinder früher der Mutter sonntagmorgens am Muttertag auf der Wiese pflückten.

Alle Blüten locker in der Vase arrangiert wirken wie ein Frühsommertraum.

Die Kastanie für die festliche Tafel

KASTANIENBLÜTEN UND -BLÄTTER (AESCULUS), **STECKMOOS,**

Diese wunderschönen Kastanienblüten sind auf dem Bild zwar auf dem Gartentisch arrangiert, aber eigentlich sind sie so elegant und majestätisch, dass sie auch auf eine große festliche Tafel passen würden. Die Blütenkerzen gibt es in weiß, creme bis lachs und rot. In gut getränktes Steckmoos gesteckt, halten sie sich mehrere Tage lang frisch und aufrecht. Das Steckgefäß selbst kann man mit Kastanienblättern, die man am Rand ins Steckmoos steckt, kaschieren.

Sträußchen mit Bachnelkenwurz

BACHNELKENWURZ (GEUM RIVALE), **GRÄSER, MARGERITEN** (LEUCANTHEMUM), **BRUNNENKRESSE** (NASTURTIUM), **SPITZWEGERICH** (PLANTAGO LANCEOLATA), **WOLFSMILCH** (EUPHORBIUM)

Die Blütenköpfchen des **BACHNELKENWURZES** (*Geum rivale*) sehen einfach, bescheiden und lieblich aus. Der Name *rivale* bedeutet „am Bach wachsend", und überall, wo es sehr feucht ist, kann man die zarten Glöckchen von April bis Juni auch finden, ob am Bachufer oder auf der nassen Wiese. Die Wurzeln der Pflanze dienten früher als Ersatz für Gewürznelken, daher kommt auch ihr Name. Der Bachnelkenwurz wird jedoch auch Blutströpfchen, Herrgottsbrot, Herzwurz und Kaminfegerchen genannt.

Besonders schön kommen die zarten Blüten des Bachnelkenwurzes zur Geltung, wenn man sie mit hellen, zarten Blüten und Blättern zusammenstellt. Hier ist er locker kombiniert mit Gräsern, Margeriten, Brunnenkresse, Spitzwegerich und Wolfsmilch. Wer nicht gerade einen englischen Rasen pflegt, wird den Spitzwegerich leicht auf der eigenen Wiese finden. Dort lässt sich übrigens auch die Margerite gut aussähen, wenn man ihr eine „Insel" reserviert, die der Rasenmäher verschont.

Kresse und Margerite

Bachnelkenwurz

Weißer Blütenduft

MAIGLÖCKCHEN (CONVALLARIA MAJALIS), **WALDMEISTER** (GALIUM ODORATUM)

Wer weiß nicht, wie wunderbar das Maiglöckchen duftet? Das **MAIGLÖCKCHEN** war schon bei Großmutter der Duft, der im kleinen Fläschchen auf der Kommode stand. Es steht für Glück, Liebe und eine heile Welt. Da passt es fast nicht, dass es eigentlich giftig ist. Man findet es im Halbschatten, an Gehölzen, in Waldlichtungen und in Parks. Die Blütenstängel lösen sich leicht aus ihrem Blätterschaft, und aus dem Rhizom treibt zuverlässig im nächsten Jahr eine neue Blüte aus.

Der **WALDMEISTER** ist wie sein Name schon sagt, im Wald zuhause, bildet aber auch im Garten einen zuverlässigen Bodendecker im Baumschatten. Er entfaltet seinen Duft am wirkungsvollsten, wenn er leicht angewelkt ist. Deshalb hängt man die Waldmeistersträußchen, die man in der Küche verwenden will, zuerst mal einen Tag lang auf. Für die berühmte Maibowle erntet man ihn sogar vor der Blüte, dann duftet er am meisten. In der Blüte und pflückfrisch, so wie er hier verwendet wird, ist sein Duft kaum wahrnehmbar. Er besticht dafür durch seine feinen weißen Blütensternchen, die wunderbar zum zarten Maiglöckchen passen.

Waldmeister

Maiglöckchen

Blau wie der Sommer

ESPARSETTE (ONOBRYCHIS), **WIESENSALBEI** (SALVIA PRATENSIS), **FLOCKENBLUME** (CENTAUREA), **WITWENBLUMEN** (KNAUTIA), **WIESENSTORCHSCHNABEL** (GERANIUM PRATENSE) **ROTE LICHTNELKE** (SILENE DIOICA), **AKELEIEN** (AQUILEGIUM), **WEICHER STORCHSCHNABEL** (GERANIUM MOLLE)

Die **ESPARSETTE** wurde früher als Pferdefutter angebaut und besticht durch ihre schönen rosa Blütentrauben, die von Mai bis Juli auf den Wiesen leuchten. Man findet sie auch an Böschungen und Wegrändern.

Der **WIESENSALBEI** mit seinen tiefblauen Blütenkerzen kann man den ganzen Sommer auf sonnigen Wiesen finden, und seine Blüten halten sich wunderbar in der Vase.

Die **FLOCKENBLUME** gibt es in verschiedenen Arten. Hier wurde die tiefblaue Gartenflockenblume verwendet. Auf den Wiesen findet man von Mai bis Oktober die violette Wiesenflockenblume. Sie ist mit der Kornblume verwandt, besitzt jedoch ihr gegenüber den großen Vorteil, dass sie in der Vase die Farbe behält, während das Blau der Kornblume in der Vase verblasst.

Die **WITWENBLUMEN**, auch Knautien, Knopfblumen, Wiesenskabiose oder Nadelkissen genannt, findet man noch relativ häufig auf heimischen Wiesen.

Der **WIESENSTORCHSCHNABEL** ist, was viele nicht wissen, eine Geranie – im lateinischen Namen kann man den Schnabel des Kranichs (Geranos) als Namensgeber wiedererkennen. Das Blau des Storchschnabels wirkt mit der feinen Äderung der Blütenblätter auf jeden Fall sehr zart und fein.

Die **ROTE LICHTNELKE** findet man eher an Wegrändern, Bachufern und Feuchtwiesen. Sie wird auch Rotes Leimkraut genannt. Ihre Wurzeln wurden früher als Seife verwendet, da sie Saponine enthalten.

Außerdem sind in diesem Strauß noch blaue Akeleien und der weiche Storchschnabel aus dem Garten verwendet worden.

Nachtkerze mit Weidenröschen

GEMEINE NACHTKERZE (OENOTHERA BIENNIS), **ECHTES JOHANNISKRAUT** (HYPERICUM PERFORATUM), **SCHMALBLÄTTRIGES WEIDENRÖSCHEN** (CHAMERION ANGUSTIFOLIUM), **ECHTES LABKRAUT** (GALIUM VERUM), **WEINBERGLAUCH** (ALLIUM VINEALE), **GRÄSER, ETWAS MOOS, STECKMOOS**

Die **GEMEINE NACHTKERZE**, blüht von Anfang Juni bis Ende September. Die einzelnen Blüten sind eher kurzlebig und öffnen sich erst gegen Abend in voller Pracht, aber es sind genügend Knospen an einem Stiel, die sich nach und nach öffnen können, so dass das man trotzdem mehrere Tage den gelben Blütenzauber bewundern kann. Wenn man aufmerksam beobachtet, kann man sogar sehen, wie sich die Blüten innerhalb von wenigen Minuten langsam öffnen. Etwa 30 Minuten nach dem vollständigen Öffnen der Blüte, wenn sie am intensivsten duftet, kommen verschiedene Nachtfalter zum Bestäuben. Zu finden ist die Nachtkerze oft an Bahndämmen, Böschungen, Mauern und Wegrändern; sie stammt zwar ursprünglich nicht aus Mitteleuropa, ist jedoch schon seit dem 17. Jahrhundert aus den Gärten verwildert.

Echtes Johanniskraut

Echtes Labkraut

Weinberglauch

Das **ECHTE JOHANNISKRAUT** ist auch eine alte Heilpflanze, allerdings leicht giftig, und wächst am Gebüschrand, an Waldrändern, Wegen und Böschungen, auf Magerwiesen und auf Brachen. Das Johanneskraut wird vor allem bei leichten depressiven Verstimmungen und bei nervöser Unruhe eingesetzt. Als Schnittblume in Sträußen und Gestecken ist es schönes Beiwerk und Füllmaterial. Die harten Stängel geben einem Strauß Halt und lassen sich gut ins Steckmoos stecken.

Das **SCHMALBLÄTTRIGE WEIDENRÖSCHEN** blüht von Juni bis August. An einem Stiel findet man Knospen, Blüten und Früchte gleichzeitig. Seine Schirmchensamen fliegen bei optimalen Bedingungen bis zu 10 Kilometer weit. So werden schnell neue Brachstellen in der Umgebung vom Weidenröschen neu besiedelt. Das macht es auch zur Pionierpflanze. In den Nachkriegszeiten wurde das Weidenröschen auch als Schutt- oder Trümmerblume bezeichnet, weil es sich in den Brachstellen der Ruinen schnell verbreitete.

Das **ECHTE LABKRAUT** blüht von Mai bis September auf trockenen, ungedüngten Wiesen und enthält das Labferment, das bei der Käseherstellung genutzt wird, zum Beispiel für die Herstellung von englischem Chester-Käse. Diesem gibt das Kraut seine gelblich-orange Farbe und den besonderen Geschmack. Im Strauß dagegen verströmt Labkraut einen süßen Honigduft.
Zusammen mit ein paar Gräsern, etwas Moos und Weinberglauch kann man mit dieser Viererkombination ein wunderschönes Gesteck zaubern. Einfach wassergetränktes Steckmoos ins Gefäß, Stiele schräg anschneiden und dann arrangieren.

Quer durch den Garten im Juni

KAMILLE (MATRICARIA CHAMOMILLA), **ROTE JOHANNISBEERE** (RIBES RUBRUM), **BORRETSCH** (BORAGO), **BARTFADEN** (PENSTEMON), **FRAUENMANTEL** (ALCHEMILLA),**GARTEN-ARNIKA** (ARNICA), **ROSE** (ROSA), **SCHARLACH-LICHTNELKE** ("BRENNENDE LIEBE", LYCHNIS CHALCEDONICA)

Bis auf die Kamille ist alles in diesem Strauß mehrjährig und in einem typischen Bauerngarten zu finden. Die Scharlach-Lichtnelke und der Bartfaden waren im 19. Jahrhundert sehr beliebt und geben einem Bauerngarten heute daher einen wunderbar altmodischen Charme.
Selbst Beerenzweige lassen sich toll in einem Strauß verwenden, so wie hier die rote Johannisbeere. Ebenso lassen sich Küchenkräuter wie der Borretsch mit seinen leuchtend blauen Blüten mit hineinnehmen.

Kamille und Borretsch

Walderdbeere mit Frauenmantel

WALDERDBEEREN (FRAGRARIA VESCA), **FRAUENMANTEL** (ALCHEMILLA)

Die Walderdbeeren mit ihrem leuchtenden Rot und der Frauenmantel mit seinem frischen, zarten Grün bilden eine traumhafte Kombination, die sich lange in der Vase hält.

Beides sind auch Pflanzen, die dem Gärtner das Leben leicht machen: Die Walderdbeere bildet durch Ausläufer schnell einen hübschen grünen Teppich als Bodendecker, der kaum Unkräuter durchlässt, aber im Frühjahr das Auge mit kleinen weißen Blüten und im Sommer den Gaumen mit immer neuen roten Beerchen erfreut. Die Beeren sind so klein, dass es sich nicht lohnt, sie zu verarbeiten – sie wollen gleich aus dem Beet genascht werden.

Der Frauenmantel ist eine pflegeleichte Staude, deren große Blätter sich weit über die Blütezeit hinaus sehr gut im Beet machen: Sie bleiben bis in den Winter hinein grün. Die gelb-grünen Blüten sind zwar winzig klein, bilden zusammen aber eine schöne, duftige Auflockerung im Blumenstrauß.

Ein Sträußchen zum Naschen für den Frühlingstisch.

Wildrose mit Holunder

Kleine Tischsträußchen mit Holunderblüten (*Sambucus nigra*), Wildrosen (*Rosa canina*), Frauenmantel (*Alchemilla*) und Wilderdbeeren (*Fragraria vesca*). Als Väschen kann man Windlichter oder auch Einmachgläser verwenden.

Zartrosa an Sonnengelb

WILDE MALVE (MALVA SYLVESTRIS), **ECHTES LEINKRAUT** (LINARIA VULGARIS), **LABKRAUT** (GALIUM VERUM) **UND JOHANNISKRAUT** (HYPERICUM), **SCHMALBLÄTTRIGES WEIDENRÖSCHEN** (EPILOBIUM ANGUSTIFOLIUM) **UND ROSA KRONWICKE** (SECURIGERA VARIA)

Wiesenblumen ergeben zusammen einen Traum in Zartrosa und Gelb.

Die **KRONWICKE** wurde früher als Futterpflanze angebaut und ist für Menschen giftig. Aus dem Anbau ist sie verwildert und darum auf trockenen Wiesen, Kiesböschungen und an Bahndämmen zu finden.

Die **WILDE MALVE** findet man relativ häufig am Wegrand, sie mag es trocken und warm, ähnlich wie das Johanniskraut. Das Labkraut findet man in der Wiese, das Weidenröschen am Weg- wie am Waldrand.

Kronwicke

Kräftige Sommerpflanzen

RAINFARN (TANACETUM VULGARE), **KIRSCHPFLAUME** (PRUNUS CERASIFERA), **MAHONIE** (MAHONIA), **OREGANO** (ORIGANUM), **SEIFENKRAUT** (SAPONARIA OFFICINALIS), **SCHNEEBALLBEEREN** (VIBURNUM), **KLETTEN** (ARCTIUM), **BROMBEERZWEIGE** (RUBUS FRUCTICOSUS)

In diesem farbenfrohen Strauß wurden Rainfarnblüten, Kirschpflaumenzweige, Mahonienbeeren, Oregano, Seifenkraut, Schneeballbeeren, Kletten und Brombeerzweige verarbeitet.

Ein besonders schöner Blickfang sind die in Blüte stehenden **KLETTEN**. Beim Spaziergang, wenn sie sich mit ihren Widerhaken an der Kleidung festhaken und fast nicht mehr abzubekommen sind, sind sie vielleicht etwas nervig, aber genau betrachtet sind sie einfach nur hübsch.

Rainfarn

Klette und Seifenkraut

Oregano und Kirschpflaume

Schneeball und Mahonie

Der **RAINFARN** duftet kräftig würzig. Der eine liebt diesen Duft, andere rümpfen die Nase. So die Insekten. Sie meiden wohl daher den Rainfarn, sodass er früher zum Fernhalten von Ungeziefer verwendet wurde – daher sein alter Name „Wurmkraut".
Er blüht zwischen Juni und September leuchtend gelb. Früher wurden die gelben Blütenknöpfe von Kindern gerne als Spielgeld genommen.

Das **SEIFENKRAUT** wurde tatsächlich als Waschmittel und Seifenersatz verwendet. Schüttelt man es mit Wasser bildet sich sogar Schaum.

Die **KIRSCHPFLAUME**, oder auch Kriechen- oder Hafer-Pflaume oder Haferschlehe genannt, war ursprünglich die Veredelungsgrundlage für Pflaumenbäume. Es gibt sie in den Farben grüngelb, orangegelb, rosa-rötlich, tiefrot, rotviolett, bis violett-schwarz. So unterschiedlich die Farben, so unterschiedlich auch der Geschmack. Meistens findet man sie da, wo die Pflaumenbäume verwildert sind und sich die Grundlage des Baumes dann doch wieder durchgesetzt hat.

Der **OREGANO** heißt auch Dost, und man kann ihn nicht nur für Pizza verwenden, sondern auch für schöne Blumensträuße. Auch er sollte in keinem Kräutergarten fehlen. Aber auch draußen in der Natur findet man ihn in sonnigen, trockenen Lagen.

Disteln und Mädesüß

BROMBEERZWEIGE (RUBUS FRUCTICOSUS), **SCHNEEBALLBEEREN** (VIBURNUM), **MÄDESÜSS** (FILIPENDULA), **RÖSCHEN** (ROSA), **KRATZDISTEL** (CIRSIUM ARVENSE), **MUSKATELLERSALBEI** (SALVIA SCLAREA), **BUCHS** (BUXUS SEMPERVIRENS), **ECHTE KATZENMINZE** (NEPETA CATARIA), **STECKMOOS**

Dieser Kranz ist nicht gebunden, sondern in nasses Steckmoos gesteckt. Unreife Brombeeren und noch grüne Schneeballbeeren machen sich schön mit dem luftigen, duftenden Mädesüß, Röschen, der zu Unrecht als Unkraut verpönten Kratzdistel, dem Muskatellersalbei, etwas Buchs und der echten Katzenminze.

Der **MUSKATELLERSALBEI** oder auch Muskatsalbei, Römische Salbei oder Scharlei genannt, blüht von Mai bis September mit rosa bis lilafarbenen Blüten, die den typischen Muskatellergeruch haben. Er ist eine zweijährige Pflanze für den Kräutergarten, die sich einmal gepflanzt immer wieder von alleine aussäht. Seine Blüten und Blätter können gegessen werden. Früher wurden die Blüten Weinen zugesetzt und das Öl der Pflanze wurde in Parfümen und Kosmetika verwendet. Und der Muskatellersalbei ist eine hervorragende Bienenweide. Ab Mitte Juni kann man an seinen Blüten sogar die seltenere Blauschwarze Holzbiene beobachten.

Das **MÄDESÜSS** liebt Fluss- und Bachufer und feuchte Wiesen, ist auch ein altbekanntes Heilkraut, blüht von Juni bis August, und seine Blüten duften ein wenig wie eine Mischung aus Honig und Bittermandeln.

Hortensienschale mit Brombeeren

HORTENSIE (HYDRANGEA), **BROMBEERE** (RUBUS), **GEWÖHNLICHE WALDREBE** (CLEMATIS VITALBA)

Diese Mischung sieht bäuerlich schön aus.

Die **HORTENSIE** ist eine der vielseitigsten Gartenblüten für die floristische Verwendung, sowohl die frischen Blüten in Farbtönen von Blau über Weiß bis Rosa als auch die trockenen Blüten in zartem Hellbraun, die bis in den Winter hinein am Strauch bleiben. Die Beeren aus dem Garten oder der freien Natur, die wunderbar zu naschen sind, machen sich auch in jedem Reifezustand sehr schön in Blumensträußen und Gestecken.

Die **BROMBEERE** macht einen beim Verarbeiten etwas Arbeit, weil man sie zuerst mal entdornen muss, aber dafür ist sie dann auch ein richtiger Hingucker. Im eigenen Garten ist sie kaum im Zaum zu halten, und an Bahndämmen und auf Brachflächen wuchern wilde Brombeeren leicht alles zu.

Die **WALDREBE** ist eine Clematis, eine Wildform der bunten, prächtigen Clematisarten aus unseren Gärten. Sie ist an Wald- und Wegrändern oder an Zäunen zu finden und duftet wunderbar nach Honig.

Birnen, Bohnen, Rainfarn und mehr

BOHNENSCHOTEN (PHASEOLUS, PINTOBOHNE), **KLEINEN BIRNEN** (PYRUS, HIER DIE SORTE STUTTGARTER GEISHIRTLE), **HOLUNDERBEEREN** (SAMBUCUS NIGRA), **GOLDRUTE** (SOLIDAGO), **GEWÖHNLICHE WALDREBE** (CLEMATIS VITALBA), **RAINFARN** (TANACETUM VULGARE), **FRUCHTSTÄNDE DER HAINBUCHE** (CARPINUS BETULUS), **STECKMOOS**

Ein gesteckter Kranz, in dem die bunten Schoten der Pintobohne und die Fruchtstände der Hainbuche ungewöhnliche Akzente setzen.

Die **HAINBUCHE** ist nicht mit der Rotbuche verwandt, sondern gehört zu den Birken. Daher bildet sie auch keine Bucheckern, sondern ihre Früchte haben kleine Flügel, die an Ahornsamen erinnern. Man findet sie nicht nur im Wald, sondern gern in Hecken und Parks. Die Fruchtstände sind auch ein gutes Füllmaterial im Kranz.

Die Gewöhnliche **WALDREBE** gehört zu den Lianengewächsen und ist giftig. Ihr Saft reizt die Haut, so dass man sie am besten mit Handschuhen verarbeitet. Sie blüht von Juli bis September, und auch verblüht kann man sie noch floristisch sehr schön verwenden. Dann sind es wollige Büschel statt kleine weiße Sternenblüten.

Die **GOLDRUTE** wird bis zu 1 m hoch und blüht im Spätsommer in einem schönen Goldgelb. Beide Arten, die Riesen-Goldrute und die Kanadische (*Solidago gigantea, Solidago canadensis*) stammen aus Nordamerika und sind bei uns zunächst als Gartenpflanzen eingeführt worden. Längst sind sie von dort verwildert und an Böschungen und Bahndämmen zu finden.

Die Birnen wurden mit einem Stück festen Draht in das Steckmoos gesteckt. Natürlich kann man auch anderes Obst und Gemüse aus dem Garten noch dekorativ im Kranz platzieren.

Holunderbeeren

Der August-Kräuterstrauß

FENCHEL (FOENICULUM VULGARE), **OREGANO** (ORIGANUM), **MUSKATELLER-SALBEI** (SALVIA SCLAREA), **KANADISCHES BERUFKRAUT** (CONYZA CANADENSIS), **DUFTNESSEL** (AGASTACHE), **STAUDENBASILIKUM** (OCIMUM BASILICUM), **ANANASSALBEI** (SALVIA ELEGANS).

Mitte August gibt es in katholischen Gegenden die Tradition der Kräuterweihe: An Mariä Himmelfahrt bringen Frauen einen Strauß aus Heilkräutern in die Kirche, um ihn segnen zu lassen.

Die Kräutervielfalt, die bei uns gedeiht, ist einfach enorm. In diesem Strauß ist nur ein kleiner Teil unserer blühenden Gewürzkräuter verwendet: Die gelben Fencheldolden, der rosa Oregano, der Muskatellersalbei, das Kanadische Berufkraut – welches kein Gewürzkraut ist –, die blaue Duftnessel, der blaue Staudenbasilikum und der feuerrote Ananassalbei.

Die meisten dieser Pflanzen kommen natürlich aus dem Kräutergarten, Oregano, Fenchel und Muskatellersalbei findet man jedoch auch wild oder verwildert an sonnigen Stellen am Wegrand, und das Kanadische Berufkraut könnte man geradezu als Unkraut bezeichnen, da es sich gerne auf Schutthalden ansiedelt.

Feuerdorn mit Waldrebe, Silberblatt und Walnuss

GEWÖHNLICHE WALDREBE (CLEMATIS VITALBA), **FEUERDORN** (PYRACANTHA), **WALNÜSSE UND WALNUSSBLÄTTER** (JUGLANS), **SILBERBLATT** (LUNARIA ANNUA), **STECKMOOS, FESTER BLUMENDRAHT, KORB**

Das Weiche, Wuschelige der Gewöhnlichen Waldrebe ergibt mit dem herbstlichen Orange der Feuerdorn-Beeren, dem frischen Grün der Walnüsse und Walnussblätter und der Eleganz des Silberblattes einen ganz außergewöhnlichen, fast leuchtenden Kranz.

Die Gewöhnliche **WALDREBE** ist die einzige Klematis-Art, die bei uns wild vorkommt, nicht nur am Waldrand, sondern auch auf Schutthalden oder etwa an Straßen- oder Bahnböschungen. Ihre Blüten sind zwar unscheinbar, doch ihre Fruchtstände sehen wunderbar weich und wollig aus.

Auch das **SILBERBLATT** findet man oft am Wegrand, da es leicht aus dem Garten verwildert.

Das Blumenmaterial wurde in Steckmoos gesteckt. Dabei verwendet man am besten Handschuhe, da der Saft der Waldrebe die Haut reizt. Die Walnüsse wurden auf einen festen Draht aufgespießt und so im Moos fixiert. Die Feuerdornzweige wurden mit einem Bindedraht am Korbgeflecht festgemacht. Auch dabei sind die Handschuhe wegen der Dornen recht praktisch, aber auch weil die Walnussschalen hartnäckige braune Flecken auf der Haut hinterlassen.

Silberblattwindlicht

FRUCHTSTÄNDE VOM EINJÄHRIGEN SILBERBLATT (LUNARIA ANNUA), **GLASWINDLICHT ODER EINMACHGLAS, FLÜSSIGKLEBER**

Das **EINJÄHRIGE SILBERBLATT**, auch Judas-Silberling genannt, ist eine außergewöhnlich schöne zweijährige Frühlingsblume: zweijährig, weil sie erst im zweiten Jahr Blüten trägt; das „einjährig“ im Namen bezieht sich darauf, dass die Pflanze nur einen Sommer lang Blüten trägt und dann abstirbt. Sie ist sehr anspruchslos, wächst in jedem Gartenboden und säht sich immer wieder von alleine aus.
Im Frühjahr besticht sie mit ihren strahlend violetten Blüten und im September mit den silbrigen Scheidewänden ihrer Samenschoten. Jede Schote hat eine silbrige, pergamentartige „Innenwand“, die auf beiden Seiten mit einem grünen Deckelchen abgedeckt wird. Ist der Samen reif, platzen die Deckelchen auf, der Samen fällt heraus, und die schöne Innenseite der Schote zeigt sich. Diese lässt sich sehr gut floristisch verwenden: zum Beispiel, indem man sie dachziegelartig auf Glaswindlichter klebt. Das funktioniert mit einem einfachen Flüssigkleber, und das Windlicht verbreitet am Abend ein wunderschön weiches Licht.

Der Laubkranz

BIEGSAME ZWEIGE (Z. B. BIRKE), **MOOS, WICKELDRAHT, FEINEN GOLD-DRAHT, BUNTES HERBSTLAUB, ZWEIGE, BEEREN** (Z. B. BERBERITZEN, BERBERIS VULGARIS), **EFEUFRÜCHTE** (HEDERA HELIX), WELKES GRAS, ÄPFEL, ZIERÄPFEL **(Z. B. SORBOMALUS), NÜSSE, HIER WALNÜSSE** (JUGLANS)

Was steht mehr für den Herbst als bunte Blätter? Es fällt schon schwer, sie beim Herbstspaziergang liegen zu lassen, und schon ein einziger Ahornbaum kann Sammlerbeute in allen Farben bescheren.

Für die Kranzunterlage braucht man biegsame Zweige, Moos und Wickeldraht. Die Zweige werden zum Kreis gebogen und mit Draht so fixiert, dass der Kranz nicht mehr aufgeht. Danach wird Moos mit dem Wickeldraht auf den Kranz gebunden, und dann werden die bunten Blätter überlappend auf dem Kranz fixiert, indem man sie mit dem feinen Golddraht umwickelt. Schließlich wird alles mit Zweigen, Beeren (hier Berberitzen), Efeufrüchten, welkem Gras und Ähnlichem ausgeschmückt. Herbstfrüchte wie Äpfel, Zieräpfel und Nüsse nicht vergessen! Beeren und Zweige werden entweder in den Kranz gesteckt oder auch mit dem feinen Draht festgebunden.

Herbststrauß

WALNÜSSE (JUGLANS) **MIT UND OHNE SCHALE, VERSCHIEDENE ÄPFEL** (MALUS) **UND VERSCHIEDENE HAGEBUTTEN** (ROSA), **HORTENSIE** (HYDRANGEA), **FUNKIENBLÄTTER** (HOSTA), **STORCHSCHNABELBLÄTTER** (GERANIUM), **FRÜHLINGSPLATTERBSE** (LATHYRUS VERNUS) **MIT AUFGEPLATZTEN SAMENSCHOTEN, VERBLÜHTE DUFTNESSEL** (AGASTACHE), **ZITTERGRAS** (BRIZA), **SCHLEHENZWEIGE** (PRUNUS SPINOSA), **WERMUT** (ARTEMISIA ABSINTHIUM), **FRUCHTSTAND DES SONNENHUTES** (ECHINACEA) **UND SAMENSTAND DER GEWÖHNLICHE WALDREBE** (CLEMATIS VITALBA).

Der Herbststrauß verbindet Fülle und Vergänglichkeit: Er enthält einerseits viele Früchte und Fruchtstände, wie es typisch für den Herbst ist. Doch er zeigt auch, dass schon längst Verblühtes zauberhaft schön sein kann.

Während man die Frühlingsplatterbse vor allem im Laubwald findet, wächst das Zittergras auf mageren Wiesen und das Wermutkraut auf Schutthalden und an Wegrändern, ebenso wie die Gemeine Waldrebe. Eine der zahlreichen Storchschnabelarten findet man sicherlich, egal ob man im Wald oder auf der Wiese sucht.

Das Gerüst des Straußes bilden die Zweige mit Schlehen und Hagebutten. Die anderen Früchte spießt man am besten auf einen stabilen Draht auf, so dass man sie wie langstängelige Blumen verarbeiten kann.

Der Novemberkranz

IMMERGRÜNER BUCHS (BUXUS SEMPERVIRENS), **EIBE** (TAXUS BACCATA), **VERSCHIEDENE HAGEBUTTEN** (ROSA CANINA UND CENTIFOLIA), **VERBLÜHTE DUFTNESSEL** (AGASTACHE), **STROHKRANZ ODER BIEGSAME ZWEIGE UND MOOS (SIEHE S. 102), BLUMENDRAHT**

Für uns endet im November das üppige Sammeln in der Natur. Man findet noch hier und da Beeren und Zapfen oder Äste mit Moos und Flechten, aber mit den Blüten muss man wohl bis zum neuen Jahr warten.

Dieser winterliche Kranz kommt ganz ohne die üblichen Zweige von Tanne oder Fichte aus und ist damit bemerkenswert rieselfest. Immergrüner Buchs und Eibe bilden den grünen Hintergrund, darauf stehen die Rottöne der verschiedenen Hagebutten von Wild- und Edelrosen neben den blassen Herbstfarben der verblühten Duftnessel. So verabschiedet sich der Herbst, und der Kranz leitet zugleich zum Advent über.

Kühles Novemberblau

SCHNEEBEEREN (SYMPHORICARPOS), **SCHLEHENZWEIGE** (PRUNUS SPINOSA), **KRANZUNTERLAGE AUS STROH ODER BIRKENZWEIGEN, MOOS, BINDEDRAHT**

Keine Farben charakterisieren den kalten November treffender als das Weiß und das kühle Blau. So passt es wunderbar, wenn man sich die weißen Schneebeeren und die Schlehenzweige mit ihren wunderschönen blauen Beeren ins Haus holt.

Den meisten werden die weißen, prallen **SCHNEEBEEREN** noch aus der Kindheit als „Knallerbsen" bekannt sein. Zertritt man sie auf dem Boden, knallen sie beeindruckend. Sie sind allerdings giftig. Schneebeerensträucher findet man oft in Parks und Hecken, aber auch in Privatgärten, denn sie erfreuen den Gärtner nicht nur mit ihren Beeren, sondern im Sommer auch mit kleinen rosafarbenen Blüten.

Die Beeren der **SCHLEHE** dagegen können vielseitig verwendet werden. Marmelade, Punsch, Mus, Likör und Saft sind alles Leckereien, die daraus hergestellt werden können. Um sie für den Verzehr zu verwenden, sollte man sie erst nach dem ersten Frost ernten. Möchte man sie floristisch nutzen, sollte man die Zweige, je nach Witterung, nicht zu spät im Winter schneiden. Haben sie schon zu viele Fröste abbekommen, schrumpeln die blauen Beeren, werden weich und fallen dann auch leicht vom Zweig. Ihre Farbe geht dann vom wunderschönen Blau fast ins Schwarz über.

Sehr schön ist ein Kränzchen aus Schlehe und Schneebeere. Dazu benötigt man eine Kranzunterlage zum Beispiel aus Stroh, die man im Bastelbedarf oder im Blumenladen kaufen kann. Man kann eine Unterlage aber auch mit einfachen Mitteln schnell selbst herstellen. Einfach ein paar dünne, biegsame Zweige zum Kreis formen und dann mit einem Draht so fixieren, dass der Kreis nicht mehr aufgehen kann. Sehr gut eignen sich dafür die dünnen, elastischen Birken- oder Weidenzweige. Die Kranzunterlage wird dann mit Moos umwickelt, und die Beerenzweige werden hineingesteckt. Dabei sollte man das Moos nicht zu fest anziehen, da man sich sonst schwer tut, die dünnen Beerenzweige hineinzustecken.

Wem das Fertigen eines Kränzchens zu aufwändig ist, der arrangiert die Schlehen- und Schneebeerenzweige zusammen in der Vase. Auch das sieht sehr schön aus. Je kühler der Standort des Beerenschmucks, desto länger werden Sie Freude daran haben.

Pflanzenverzeichnis